Karin Jörges

Komm mit Nico nach Kroatien

.... und entdecke Land und Leute

Der etwas andere Reiseführer für Kinder

Bibliografische Information der Deutschen Nationalbibliothek:
Die Deutsche Nationalbibliothek verzeichnet diese Publikation in
der Deutschen Nationalbibliografie, detaillierte bibliografische
Daten sind im Internet über
< http://dnb.d-nb.de> abrufbar.

© 2013 Karin Jörges

Herstellung und Verlag:
BoD - Books on Demand, Norderstedt
ISBN: **9783848265800**

INHALT

Komm mit Nico nach Kroatien ….

…und entdecke Land und Leute!

Dobar dan, Guten Tag,
ich bin´s wieder, euer Nico.

Cool, dieses Jahr fahren wir in den
Sommerferien nach Kroatien.
Schulfreie Zeit, Juchuuuu.
Das ist doch die schönste Zeit im Jahr, sagen
meine Eltern, wenn sich die Ferien nähern.
Erholen, entspannen, die Sonne genießen und
vor allem kein Telefon, keine Verpflichtungen
und jeden Tag ausschlafen.
Kein Fernsehen findet mein Vater am besten.
Ich brauche auch kein Telefon, aber ein
Fernseher mit allen SAT Programmen dürfte
schon in unserer Ferienwohnung sein.
Denn abends sitzen meine Eltern meistens auf
der Terrasse oder Balkon und erzählen sich viel
und trinken auch noch Wein dazu.
Was soll ich dann machen?
Jeden Abend mich dazusetzen?
Nein, muss nicht sein. Ab und zu schon, zum
Karten oder Stadt-Land-Fluss spielen.

Aber zur Erholung nach dem anstrengenden Urlaubstag mit viel Sonne und Wasser, wäre ein bisschen Fernsehen auch nicht schlecht.

Aber jetzt erst mal das allerwichtigste.
Wohin fahren wir überhaupt in Urlaub?
Dieses Jahr geht es nach Kroatien.
Es besteht eigentlich aus drei Teilen:
Kroatien im Norden heißt auch „Istrien"
Mitteldalmatien- und Süd- Dalmatien.
Dalmatien stammt von den Dalmaten ab, dies war ein Völkerstamm der Illyrer. Was oder wer immer das auch war, keine Ahnung. Vielleicht wissen ja deine Eltern was darüber?

Hast du überhaupt schon mal was von diesem
Land gehört?
Früher gehörte Kroatien zu Jugoslawien.
Das war ein Vielvölkerstaat. Verstehst du das?
Am 25.Juni 1991 erklärte Kroatien und
Slowenien ihre Unabhängigkeit.
Danach kam es zu den Jugoslawien-Kriegen.
Aber das ist keine so schöne Geschichte und
mein Papa hat es mir so erklärt:
Die Kroaten wollten unabhängig sein.
Das hat den Serben nicht gefallen.
Aber wer sind die Serben?
Das ist eine andere Volksgruppe, mit einer
anderen Religion.
Die Volksarmee versuchte zu verhindern, das
Kroatien unabhängig wird.
Daraus entwickelte sich ein Bürgerkrieg
zwischen Kroaten und Serben.
Nach 4 Jahren Krieg wurde ein
Friedensabkommen unterzeichnet.
Zwischen Kroatien, Serbien und auch Bosnien,
sollte wieder Frieden sein.

Endlich gibt es wieder Ruhe und Frieden und
man kann in dieses wunderschöne Land reisen.
Hier gibt es also viele verschiedene Völker
Auf dem „ Balkan „.
Wo? Auf dem Balkon?

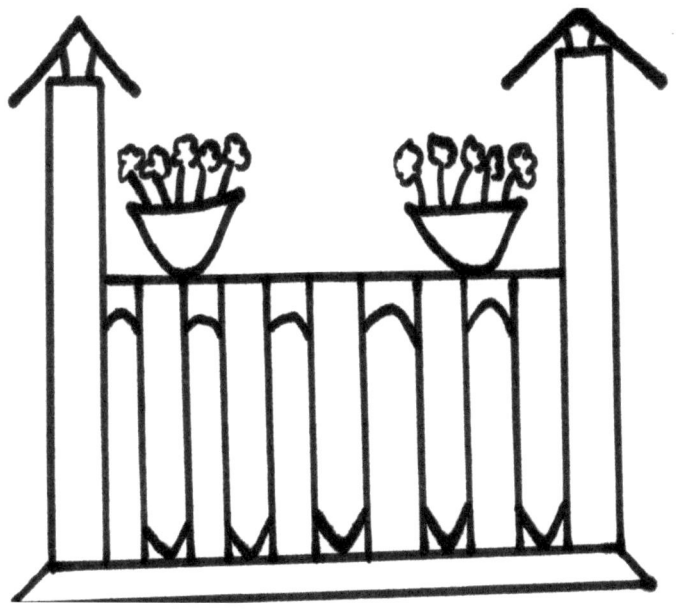

So ein Quatsch! Aber warum sagt man Balkan?
Wegen dem Balkangebirge, meint meine Mama.
Kroatien ist bis jetzt noch nicht in der EU.
Deshalb gibt es hier auch keinen Euro.
Was gibt es dann?
„Kuna" heißt das Geld.

Du wirst es nicht glauben, aber am 1.Juni 2013
möchte Kroatien in die EU kommen, als
28.Mitgliedsstaat.
Im Moment besteht die Europäische Union =EU
aus 27.Mitgliedsstaaten.
Das geht nur, wenn die Regierung alle
Voraussetzungen dafür erfüllt.
Es geht um Verwaltungen, Wirtschaft und um zu
lange Gerichtsverfahren, sagt mein Vater.
Und wahrscheinlich noch um einiges mehr.
Seit 2005 gibt es Verhandlungen, wann und ob
Kroatien beitreten kann.
In dieser Zeit hat das Land schon viele
Fortschritte gemacht.
Schauen wir mal ob es dieses Jahr klappt?
Wenn du dieses Buch ließt, ist Kroatien vielleicht
schon in der EU!
Kennst du alle anderen EU - Länder?
Dann schreib sie doch mal auf.
Das allerneueste kennst du aber mit Sicherheit!
Den Kuna dürfen sie aber erst mal behalten.
Aber stopp jetzt erst mal, dies war Geschichte
genug.

Jetzt musst du erst mal wissen, wie man
überhaupt in dieses Land kommt.
Man kann fliegen oder mit dem Bus fahren.
Wir fahren mal wieder mit dem Auto, wie
immer.
Mit Kind und Kegel, sagt meine Mutter.

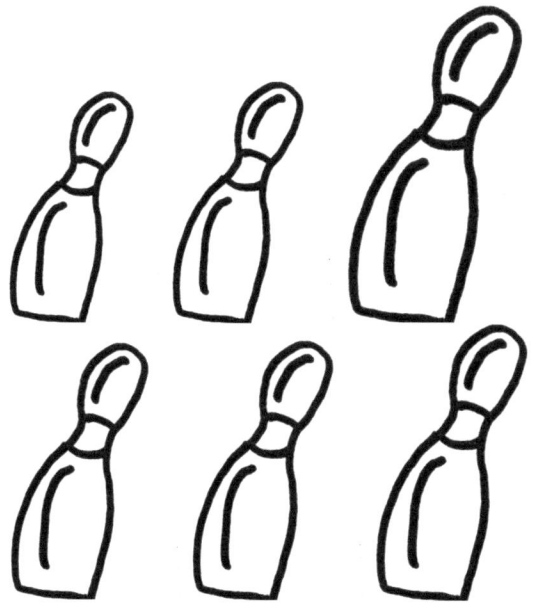

Kind ja, das bin ich, aber wo ist der Kegel?
Das ist nur so ein blöder Spruch.
Mein Papa regt sich jedes Jahr aufs Neue
auf,weil das Auto wieder voll bepackt ist.

Unterwegs sieht er dann, dass wir nicht die einzigen sind, die so vollbeladen in den Urlaub fahren. Viele Autos sind genauso voll bepackt.

Er muss nur immer vorher den Reifendruck erhöhen, den Dachgepäckträger richtig befestigen und die Koffer am besten mit einer Wasserwaage aufstellen.

Er ist da eben super pingelig.

Meine große Schwester kommt mit dem Bus nachgereist.

Das hat sie schon einmal zusammen mit einer Freundin gemacht.

Im Sommer fahren fast täglich Busse von Frankfurt nach Kroatien.

Es ist eine lange Fahrt, egal ob mit dem Auto oder mit dem Bus.

Also nochmal, wie kommt man nach CROATIA ?

Zuerst einmal fährt man durch Österreich, dann kommt Land Nummer 2, Slowenien.

Kennst du diese Länder?

Ist man durch Slowenien gefahren und hat sich für ca. 80 Cent an den Mauthäuschen in der knallen Sonne angestellt, dann kommt Land Nummer 3, das ist Kroatien.

Übrigens gibt es unterwegs immer wieder Mauthäuschen, an denen man eine Autobahngebühr bezahlen muss.

Wenn man Pech hat, ist viel los, wenn man Glück hat, kann man durchfahren.

Die Grenzbeamten nehmen nämlich jeden Ausweis in die Hand und blättern darin, wie in einem Quartett.

Darüber regt sich mein Vater auch immer auf, denn er war schon viermal in Kroatien und kennt das lange Warten an der Grenze.

Man fährt auf dieser Strecke durch ganz viele große und kleine Tunnel, Tunnels oder Tunnele?

Wie heißt die Mehrzahl?

Manchmal hat der Tunnel auch nur eine Fahrspur für jede Seite.

Das heißt, 2 Fahrspuren quetschen sich auf eine.
Wenn man das geschafft hat, dann geht´s ab in
den Tunnel.
Das kann manchmal auch etwas länger dauern .
Man braucht viel zu Essen und zu Trinken, gute
Musik und vor allem viel Geduld!
Eine Klimanlage im Auto wäre auch nicht
schlecht.
Denn im Sommer ist es hier ganz schön heiß.
Wenn man das alles geschafft hat, ist man fast
am Ziel.
Es kommt natürlich ganz darauf an, wo man
seinen Urlaub in Kroatien verbringen will.

Die Kroatische Küste ist 1.777 Kilometer lang.

Man kann auf einer der schönsten Strassen
Europas an dieser Küste entlangfahren.
Diese Strasse nennt man auch : „Magistrale"
Jedoch sollte man sich viel Zeit lassen.
Da dort auch viele Lastwagen und Wohnwagen
unterwegs und die Straßen sehr kurvig sind.
Man findet auch überall eine Unterkunft.
Die Leute stehen an der Straße und halten
Schilder hoch, auf denen „ Appartmani" steht.
Auf deutsch heißt das so viel, wie Zimmer oder
Wohnung zu vermieten.
Auch wenn man nichts gebucht hat, gibt es
genügend Ferienunterkünfte zu mieten.

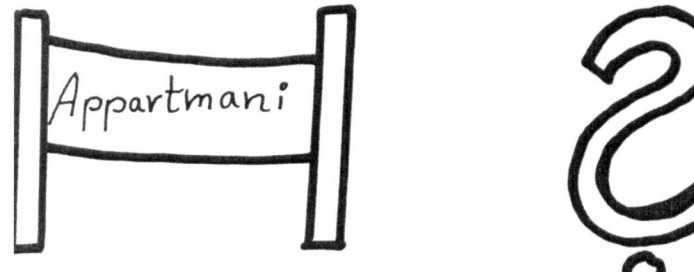

Außerdem gibt es noch über 1000 Inseln.
Wo soll man da Urlaub machen?
Zuerst einmal kann man nach „ISTRIEN„.
Das ist eine Halbinsel im Norden von Kroatien.

Es gibt dort tolle Städte:
Oh Gott, das schon wieder, bei der Hitze auch
noch in einer Stadt herumlaufen.
Ich glaube, ich breche vor Schwäche und Hitze
zusammen.
Aber vielleicht ist es gar nicht so schlimm.
Die Hauptsache es gibt ab und zu ein Eis.

Die 1. Stadt heißt: „ POREC „
Ein schöner Ort mit vielen Plätzen zum
ausruhen, wenn man nicht mehr laufen kann.
Diese Plätze nennt man: „ PALAZZI "

Es gibt viele kleine Gassen mit Cafés, Eis und
Souvenirläden zu erkunden.
Ich weiß noch nicht so genau ob ich das alles
erkunden will, schauen wir mal.
Das bekannteste Gebäude ist die
„ Euphrasius- Basilika" .
Dort lohnt es sich den Glockenturm zu besteigen
Man hat von oben einen supertollen Ausblick
auf die Stadt und das Meer.
Fotoapparat nicht vergessen!

Der Eingang der Basilika ist vergoldet.
Auch ein Mosaik mit Millionen Edelsteinen gibt
es zu besichtigen.
Alles gehört wieder mal diesem
Weltkulturerbe „Unesco".

Wer oder was immer das auch ist, dem gehört ziemlich viel. Lass dir das mal genauer von deinen Eltern erklären oder du googelst einfach zu Hause.

Die 2.Stadt heißt: „ ROVINJ „
Auch diese Stadt liegt in ISTRIEN.
Die Häuser sind direkt am Meer.
Die Menschen können aus dem Fenster direkt ins Meer springen, wenn sie wollen.
Die Gassen sind so eng, das man sich von Fenster zu Fenster manchmal die Hand geben kann. Tagsüber sind die meisten Fensterläden geschlossen, wegen der großen Hitze. Man nennt diese Stadt auch :"Adriaperle"
Vielleicht taucht man hier nach Perlen im Meer.
Oder was glaubst du, warum sie diesen Namen hat?
Auch hier gibt es einen Glockenturm den man besteigen kann. Es ist der höchste Turm Istriens.
Da will ich bestimmt auch mal hinauf.
Schmale, steile Holztreppen muss man besteigen,das macht bestimmt Spaß.

Zum Bummeln gibt es eine hübsche
Uferpromenade mit vielen Ständen, an denen
man sich Andenken kaufen kann.

Und jetzt zur Stadt Nr. 3 : „ PULA "
Die sollte man sich auf alle Fälle ansehen.
Dort gibt es den besten Naturhafen der Adria.
Was ist überhaupt eine Adria? Weißt du´s?
Ganz einfach, so nennt man hier das
Mittelmeer. Also PULA ist die älteste Stadt in
Istrien. Sie ist 3000 Jahre alt.
Ganz interessant ist das Amphitheater.
Das ist die Arena von PULA.
Vielleicht triffst du dort auch einen Römer?

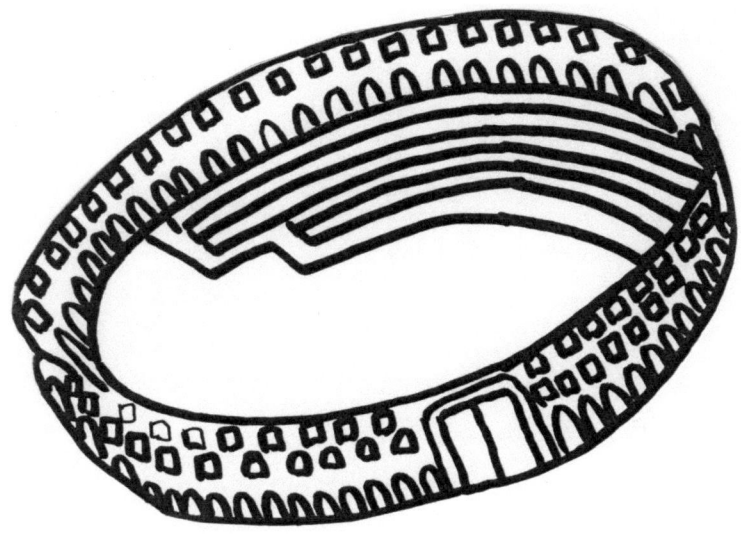

Sie ist die 6.größte Arena der Welt!

Man nennt sie auch Kolosseum.

Hier gab es früher Gladiatoren Kämpfe.

Schade, ich hätte gern mal einen gesehen.

Heute gibt es dort Kino und Konzerte.

In PULA gibt es viele alte Gemäuer und einen
Triumphbogen. Oberhalb der Stadt ist ein Berg
mit einer Festung, wie im Mittelalter.

Es gibt Tempel mit Säulen, fast wie in
Griechenland.

Ich war aber noch nie in Griechenland.

Macht nichts, bin ja noch jung und will noch viel
von der Welt sehen.

Etwas ganz Besonderes gibt es am untersten
Zipfel von Istrien zu sehen.
Dort ist ein Naturschutzgebiet, das heißt:
„ KAP KAMANJAK „.
Es gibt superschöne Buchten mit glasklarem
Wasser.
Es ist nicht ganz einfach dort hin zukommen,
außerdem kostet es Eintritt.
Dieses Gebiet hat keine richtigen Straßen,
nur „Wüstenstraßen" mit Schlaglöchern.
Man darf keine Angst um sein Auto haben und
muss ganz vorsichtig fahren, sonst kann man
sich den Auspuff abreißen.
Mit den tollen Buchten wird man für diese
Strapazen belohnt.
Ob sich deine Eltern das zumuten?

ROVINJ

Arena von PULA

KAP KAMANJAK

Übrigens verhungern tut man dort auch nicht.
Es kommen Eis-Boote in die Buchten!
Dort kann man sich wirklich an den Booten Eis
kaufen. Auch laufen Verkäufer mit Kaffee und
Stückchen von Bucht zu Bucht.
Super Idee findet meine Mama.
Was für ein Luxus.

Jetzt machen wir mal ein Spiel bei der langen
Autofahrt. Das machen wir immer, damit wir
uns ein bisschen die Zeit vertreiben.
Und gleichzeitig erfahren wir schon etwas über
das Land in dem wir Urlaub machen.
Das Spiel geht so: Jeder sagt etwas, das ihm zu
dem Land „Kroatien" einfällt.

Fällt ihm nichts ein, muss er 10 Cent in eine
Kasse zahlen. Der Sieger bekommt am Ende das
Geld für ein Eis zum Beispiel.
Hoffentlich fällt dir viel ein.

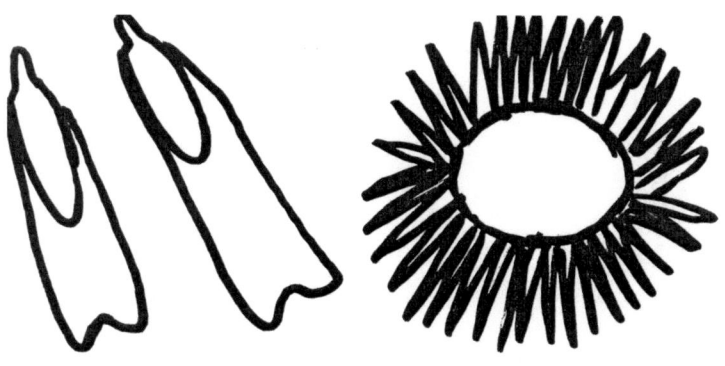

Taucherflossen   Seeigel

Also los geht´s. Hier schon mal ein paar Tipps:
-Segeln-Tauchen-Wasserski-Seeigel-Inseln-
Cevapcici-Bananaboot usw……………………..

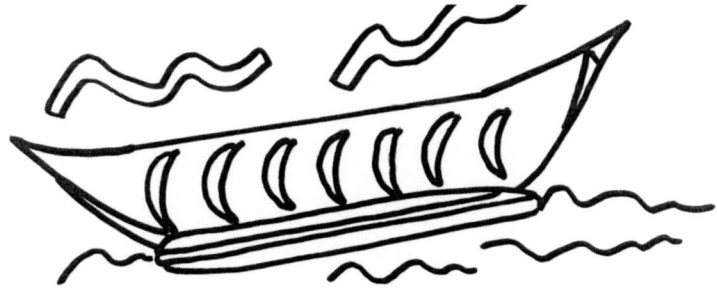

Als nächstes möchte ich euch ein paar Inseln vorstellen. Denn von denen gibt es unendlich viele. Genau genommen gibt es 1246 Inseln. Die 2.größte Insel ist die Insel „ KRK „ Mit der Stadt KRK.
Eine Brücke verbindet die Insel mit dem Festland. Brücke heißt auf Kroatisch „ MOST „.

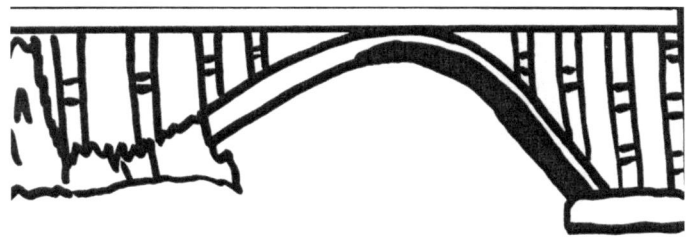

Es gibt in ganz Kroatien kaum Sandstrände, sondern Kiesel- und Felsbuchten.
Noch ein superschöner Ort auf der Insel KRK ist „BASKA", mit vielen alten engen Gassen in denen es schattig ist.
Der Strand ist 2 Kilometer lang und im Wasser ist Sandboden. In der Haupturlaubszeit ist es dort ziemlich voll. Die Menschen liegen dicht an dicht, wie die Ölsardinen. Es lohnt sich trotzdem einmal dort gewesen zu sein.

Diese „ leicht gefüllte Bucht „ ist links und rechts von hohen Bergen umgeben. Es soll der schönste Strand auf der Insel KRK sein.
Mach dir selbst ein Bild davon.
Also keine Angst vor Menschenmassen und einfach genießen. Sag das auch deinen Eltern!
Meine Eltern kriegen immer ein wenig die „Krise" wenn es soll voll ist.
Aber nach BASKA wollen sie auch, das muss man einfach mal erlebt haben.
Menschen wie die Ölsardinen…………..

Noch was Tolles gibt es auf den Inseln:

Das sind Taxi-Boote, die fahren von Insel zu Insel
und in die schönsten Buchten. Denn viele
Buchten kann man nur mit dem Boot erreichen.

Toll, wenn man eins hat. Meine Mama sagt
immer: Wenn wir mal im Lotto gewinnen,
kaufen wir uns eine Jacht.
Hoffentlich gewinnen wir bald!
Es gibt auch viele unbewohnte Inseln, auf denen
fühlt man sich dann wie Robinson Crusoe.
Weißt du, wer das ist?
Und wo ist Freitag?
Aber jetzt zurück zur Insel KRK.

In der Bucht von SOLINE kann man sich mit Heilschlamm einschmieren, das macht viel Spaß. Diesen Matsch lässt man trocknen und geht dann ins Wasser um ihn abzuwaschen.
Das ist wie eine Maske für die Haut und noch umsonst. Wenn man vorbeifährt, sieht man dunkle Gestalten, man muss einfach anhalten und mitmachen.
BASKA

Nun zur nächsten interessanten Insel.

Das ist „RAB" mit der Stadt RAB.

Heißen die Städte immer so wie die Inseln?

Kannst ja mal auf der Landkarte nachschauen.

RAB ist eine grüne Insel mit Palmen, Kiefern und

Zypressen. Auf RAB gibt es 4 Kirchtürme,

2 davon kann man besteigen.

Dort oben kann man wieder tolle Fotos machen.

Lohnt sich bestimmt!

Auf der Insel RAB gibt es auch noch was ganz

besonderes. Was ist das?

Das sind zwei große „Sandstrände".

Sie heißen: KAMPO und LOPAR.

Oft gibt es Stationen im Meer, wo man

Bananaboot und Reifen fahren kann.

Da möchte ich auf alle Fälle dabei sein.

Natürlich muss man ein guter Schwimmer sein und eine Schwimmweste tragen.

Es gibt auch Wasserski und man kann sich von einem Boot aus mit einem Fallschirm über das Meer ziehen lassen.

Das wäre vielleicht etwas für deine Eltern?

Klingt schon sehr nach Abenteuer.

Was man auf alle Fälle immer dabei haben sollte: Taucherflossen, Schnorchel und dickere Matten zum Liegen, außerdem eine Kühltasche mit viel zum Essen und Trinken.

Denn wenn es heiß ist, soll man viel trinken.

Man kann auch mal mit einem Tretboot treten.

Es gibt welche mit einer Rutsche, das ist supertoll. Und es gibt Tretboote, die sehen aus wie ein VW Käfer, kennst du das Auto?

Ist ja alles gut und schön, aber wie komme ich
auf die Insel RAB?
Ganz einfach mit einer Autofähre.
Die Fähren fahren am laufenden Band hin und
her um viele „Touris" auf die Insel zu bringen.
Touristen das sind wir, sagt mein Vater.
Touris sind Touristen, heißt so viel wie Urlauber.
Man kann auch von RAB wieder mit einer Fähre
auf die Insel KRK fahren.
Wie man will oder umgekehrt.
Man kann also von Insel zu Insel hüpfen.

Überfahrt auf die Insel RAB

Jetzt kommt die längste Insel dran, das ist „CRES", man sagt dazu „ZRES".
Diese lange schmale Insel ist gebirgig und liegt auch in der Kvarner Bucht.
Genauso wie KRK und RAB.
Es gibt auf CRES einen Süßwassersee, aus dem alles Trinkwasser für die Insel kommt.
Wie heißt der Ort auf CRES? Richtig! CRES ! Auch diese Insel ist nur mit einer Fähre zu erreichen.

Der untere Teil der Insel heißt: „LOSINJ" und ist mit einer Brücke verbunden.
Diese Brückenverbindung ist genau der 45.Breitengrad. Was ist das schon wieder?
Irgendwelche Klimazonen werden dort geteilt.

Lass dir das mal genauer von deinen Eltern
erklären. Ob sie das überhaupt wissen?
Hier noch was Besonderes an diesem Land:
Ganz viele verschiedene Landsleute machen hier
Urlaub. Man kann Nummernschilder aus
folgenden Ländern sehen:
Österreich, Ungarn, Tschechien, Italien,
Schweiz, Frankreich, Holland und natürlich viele
aus Germany. Vielleicht findest du auch noch
andere Länder, also gut aufpassen im
Straßenverkehr.

Nun zur nächsten Insel .
Wieder ist sie lang und schmal, ca. 63 Kilometer
lang. Die eine Seite ist flach und die andere ist
steil und felsig.
Man kann diese Insel über eine Brücke
erreichen. Wie heißt diese Insel?
Es ist „PAG" mit der Stadt PAG, wie immer heißt
die Stadt wie die Insel.
Wenn man auf diese Insel fährt, sieht sie aus wie
eine Mondlandschaft.
Vielleicht gibt es hier auch Astronauten?

Nein gibt es nicht. Hier gibt es nur Olivenbäume.
Es ist eine waldlose Insel mit grünen Tälern.

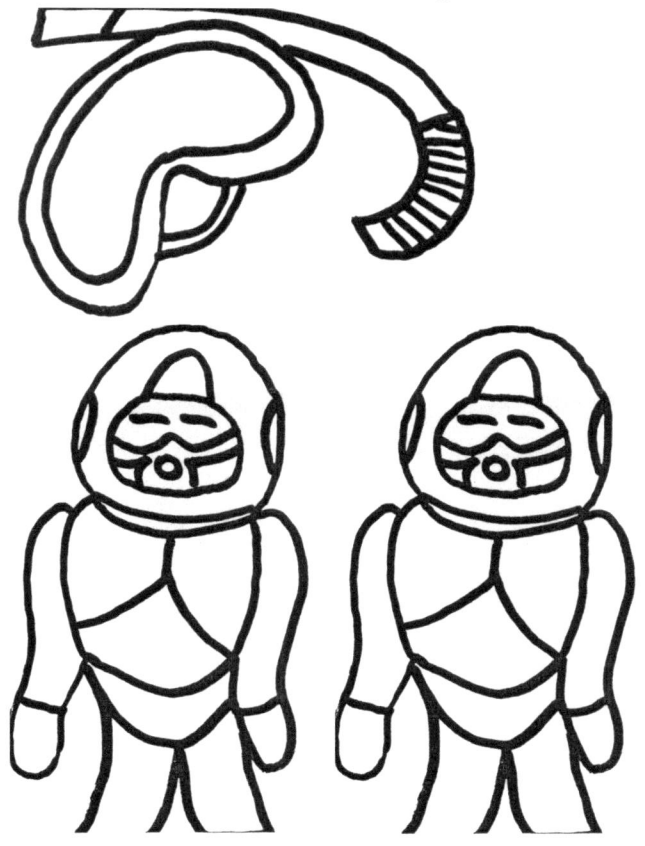

Die Inseln sind oft so kahl, weil der
„BORA Wind" nichts wachsen lässt.
Das ist ein sehr starker böiger Wind.
Dieser Wind weht immer vom Land her.

Er weht dann meistens 2-3 Tage.

Es gibt auch einen Wind, der vom Meer kommt.

Dieser Wind heißt: „MISTRAL" und er ist warm und nicht so stark.

Nun gehen wir mal etwas weiter nach unten auf der Landkarte.

Diesen Teil Kroatiens nennt man „DALMATIEN".

Ich glaube hier kommen auch die 1001 Dalmatiner her.

Auch hier gibt es Inseln über Inseln.

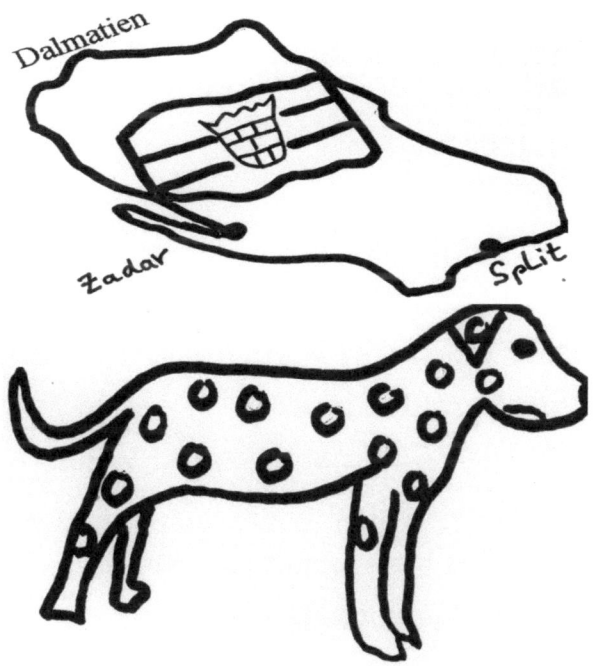

Die 3. Größte Insel heißt: „ BRAC „
Die Hauptstadt, man kann es nicht glauben,
heißt nicht BRAC sondern SUPETAR.
BRAC ist bekannt für seinen weißen Kalkstein.
Mit diesem Stein haben bereits die alten Römer
ihre Tempel und Paläste gebaut.
Sogar für das Reichstagsgebäude in Berlin und
das Weiße Haus in Washington wurde
„Marmor" von der Insel verwendet.
Übrigens BRAC hat einen Berg, der ist 778 Meter
hoch. Man kann also auch einen Berg besteigen.
Der Berg nennt sich: „GORA".
Fast in jedem Reiseführer ist das Markenzeichen
von BRAC abgebildet.
Es ist das „Goldene Horn".
Ein 300 Meter langes Sandhorn.
Es verändert aber durch Wind und Wasser
immer wieder seine Form.
Auf geht´s zur 4.größten Insel.
Es ist natürlich „ HVAR „mit dem Ort HVAR.
Dies soll die sonnigste Insel sein.
Im Sommer gibt es hier doppelt so viele
Urlauber wie Inselbewohner.

Wo sind dann die Bewohner, haben die
überhaupt noch Platz?
Es gibt auf dieser Insel Lavendel-Felder, deshalb
sagt man auch Lavendelinsel.

Jetzt gehen wir noch ein Stückchen weiter nach
Süddalmatien.
Dort gibt es die Insel KORCULA.
Und wie heißt die Stadt? Ja, richtig wie immer.
Dort steht angeblich das Geburtshaus von
Marco Polo.
Wer das ist, willst du wissen?
Das war ein Seefahrer und Händler und er kam
von Venedig.
Auf der Insel gibt es zwei kleine Berge von
jeweils 500 Meter Höhe.
Außerdem Weinberge und kleine Fischerdörfer.

Es gibt auch eine Halbinsel.

Das ist CIOVO in Mitteldalmatien.

Vom Festland gibt es eine bewegliche Brücke
nach CIOVO.

Was immer das auch ist, muss man sich einfach
ansehen.

TROGIR liegt vor der Brücke und die ganze Stadt
ist ein Museum.

Alles wie im Mittelalter mit vielen Stadttoren.

Alte Kirchen und Kapellen, Türme und Festungen, alles uralt.

Man kann sich in den vielen verwinkelten Gassen verlaufen oder auch mal Verstecken spielen, wenn nicht die vielen Menschen wären.

Auch Ritterfilme könnte man dort drehen.

Du kannst ja selbst mal ein Video in den Gassen drehen, wenn ihr eine Kamera dabei habt.

Macht sicher viel Spaß und man hat eine tolle Erinnerung an den Urlaub.

Die ganze Stadt ist wieder mal Weltkulturerbe.

Weißt du jetzt mittlerweile was das ist?

Oder immer noch nicht?

Dann wird´s langsam Zeit, dass dir das deine Eltern mal genau

erklären.

So, jetzt genug erklärt!

Nun zu meinem Lieblingsthema: Fußball.

Es gibt in Split einen Fußballplatz direkt am Meer. Und das Stadion sieht von oben aus, wie eine Muschel.

Da würde ich auch mal gerne trainieren.

Kroatien hat auch eine ganz berühmte Mannschaft: HAJDUK SPLIT.

Und hier siehst du das Trikot.

Festung in Trogir und unten Korcula

Die am weitesten von der Küste entfernte Insel
heißt: VIS mit der Stadt VIS.
Dort gibt es eine „Tito Höhle". Was ist das?
1944 gab es schon mal Krieg, aber leider mit den
Deutschen. Dort hat man sich wahrscheinlich
versteckt.
Warum muss es auch immer wieder Kriege
geben?
Ich will davon gar nichts wissen und hoffe, dass
ich in meinem Leben nie einen erleben werde.

Jetzt stell ich dir die letzte Insel vor:
Das ist: " MLJET „ ganz im Süden.
Es ist eine ruhige Insel mit wenig Touristen.
Dort gibt es nur einen Supermarkt aber keine
Bank. Man kann Geld auf der Post oder im
Restaurant wechseln.
Mit der Fähre von DUBROVNIK kommt man
dorthin.
So das waren nur ein paar Inseln.
Jetzt hast du einen kleinen Überblick.
Wenn wir jede kleine Insel aufzählen würden,
dann wärst du schon längst eingeschlafen.

Jetzt erforschen wir mal die Nationalparks in Kroatien:

Zuerst einmal sollte man sich die „PLITVIZER SEEN" ansehen.

Das Gebiet besteht aus 16 Seen, die miteinander verbunden sind.

Natürlich gehört alles zu diesem Erbe.

Wie heißt das noch mal?

Weltkulturerbe! Natürlich!

Man fühlt sich wie im Urwald.

Es soll dort Bären und Wölfe geben.

Und es gibt dort auch Japaner.

Denn die sind überall, wo man schöne Fotos machen kann.

Man kann auf Stegen über die Seen und an Wasserfällen vorbei laufen.

Leider darf man dort nicht ins Wasser.

Werde ich schon irgendwie aushalten.

Der zweite Nationalpark, das sind die „KRKA Wasserfälle".

Der Park ist etwas kleiner, aber bestimmt genauso schön.

Und am letzten Becken darf man sogar baden!

Übrigens wurden hier zum Teil auch die
Winnetou-Filme gedreht.
Vielleicht sehen wir noch ein paar übrig
gebliebene Indianer und Old Shatterhand.

In Istrien gibt es auch noch einen Nationalpark.
Das sind die „ BRIJUNI Inseln".
Das ist eine kleine Inselgruppe mit 13
unbesiedelten Inselchen.
Nur auf einer Insel gibt es eine Hotelanlange,
mit einem Tiergehege.
Man darf nicht mit privaten Booten dort
anlegen, nur mit den Schiffsverbindungen.

Früher, als Kroatien noch Jugoslawien hieß,
empfing der Staatschef „TITO" dort seine
Staatsgäste. (Erinnere dich an die Tito-Höhle)
Frag mal deine Eltern, ob sie wissen wer Tito ist?
Nachdem Tito gestorben war, wurden die Inseln
zu einem Nationalpark.
Auch in Dalmatien gibt es eine Inselkette, die
„KORNATEN".
Das sind ganz viele kegelförmige Berge, die aus
dem Meer ragen.
Man nennt diese Berge auch: Tränen der Adria.
Wahrscheinlich, weil sie von oben wie Tropfen
aussehen. Diese Tränen sind alle ganz kahl.
Man kann eine Schifffahrt rund um diese kleinen
Inseln machen und dort schnorcheln.

So und jetzt machen wir wieder mal ein bisschen
Erdkunde. Das kann man gut gebrauchen für:
Stadt-Land-Fluss.
Also wir fahren ja zuerst durch Österreich, um
nach Kroatien zu kommen.
Wie heißt die Hauptstadt von Österreich?
Danach fahren wir durch Slowenien.
Wie heißt hier die Hauptstadt?
Der Name klingt so schön, sagt meine Mama.
Es ist „Ljubljana", kannst du das überhaupt
aussprechen?
Wie heißt die Hauptstadt von Kroatien?
Das ist „ZAGREB" mit 1,2 Millionen Einwohnern.
Welche Länder grenzen an Kroatien?
Ungarn- Serbien- Bosnien Herzegowina-
Montenegro- Slowenien.
Und wie lange ist die Küste von Kroatien?
Und wie viele Inseln gibt es?
Das kann man kaum glauben, es ist über 6000
Km Küstenlänge mit den Inseln!
Wie heißt der höchste Berg von CROATIA und
wie hoch ist er?
Das ist der Berg „DINARA" mit 1.831 Meter.

Wie heißen die wichtigsten Flüsse in CROATIA?
DRAVA und SAVA.
Reicht´s jetzt mit Erdkunde?
Gut dann mal Schluss damit!
Sonst fängt dein Kopf noch zu qualmen an.

Gut, dann noch ein bisschen was zu Land und Leute.
Und auf was man alles achten sollte im Urlaub.

Kroatien hat eine super Wasserqualität.
Das bedeutet sauberes glasklares Wasser zum
Baden und Schnorcheln.
Der ADAC hat dem Wasser in den vergangenen
Jahren Platz 1 gegeben.
Herzlichen Glückwunsch!

Aber man sollte niemals ohne Badeschuhe ins
Wasser gehen!
Denn es gibt Seeigel und wenn man da rein tritt,
kann das ganz schön weh tun und man hat die
Stacheln im Fuß.

Also lieber Badeschuhe anziehen, sonst muss
man vielleicht noch zum Arzt und das
allerschlimmste, man kann vielleicht nicht mehr
ins Wasser.
Wenn du keine Badeschuhe hast, macht nichts,
die kannst du dir dort kaufen.
Die bekommt man an jeder Ecke
nachgeschmissen, wie man so schön sagt.

Es gibt in Kroatien sowieso viel zu kaufen, an
den Ständen der Händler.
Manchmal, wenn man am Strand liegt ist man
umzingelt von ganz vielen verschiedenen
Nationalitäten.

Meine Eltern haben das schon mal erlebt und erzählen es immer wieder:
Rechts von ihnen waren „Sachsen", hinter ihnen „Österreicher", links saßen die „Holländer" und vor ihnen sprach man „französisch".
Es war richtig lustig so bunt gemischt.
Nur wo waren die Kroaten?

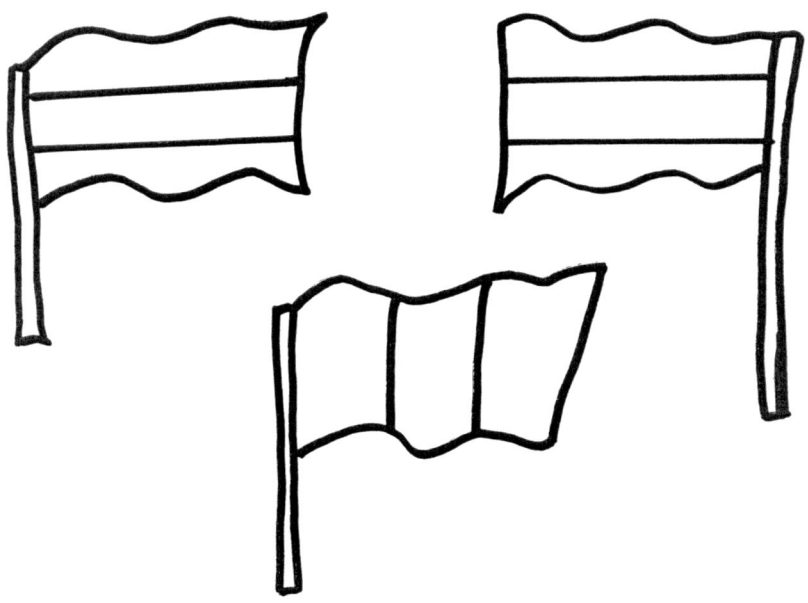

Die Kroaten sind alles nette Leute und viele sprechen sogar Deutsch.

Ansonsten kann man sich mit Englisch gut
verständigen.
Wo kann man gut essen gehen?
In einer „KONOBA".
Das ist so was Ähnliches wie ein Grillrestaurant.
Man kann dort gut Fisch oder Spanferkel essen.

Direkt an den Straßen gibt es Obst und
Gemüsestände.
Dort kann man gut und günstig einkaufen.
Auch Wassermelone bekommt man dort, die
mag ich am liebsten.
Nun noch zwei ganz bekannte Städte, die man
einfach mal gesehen haben muss.
Also nicht nur faul am Strand liegen und sich das
Gehirn austrocknen lassen, sondern sich ab und
zu mal was ansehen, ohne zu meckern!

Das erweitert deinen Horizont, wenn du weißt
was ich meine.

„ZADAR" und „SHIBENIK" sind bestimmt
sehenswert. Auch „SPLIT" sollte man besuchen.
Bei uns gibt es ein Eis, das so heißt: Split.
Split liegt auf einer Landzunge mit vielen
Palästen und Kirchen, Säulen und einem Hafen.
Es gibt dort viele historische Denkmäler.
Und wem gehören diese Denkmäler?
Drei mal darfst du raten. 1-2-3 vorbei
Natürlich gehört alles dem Weltkulturerbe.
In Split gibt es auch einen Flughafen.

Man kann also auch dorthin fliegen mit Croatia-Airlines.

Etwas ganz besonderes gibt es dort auch noch.

Das Fußballstadion, das ich schon mal erwähnt habe.

Der Verein „HAJDUK SPLIT" soll die ältesten Fans der Welt haben.

Also Opa und Oma gehen ins Stadion, oder wie soll man das verstehen?

Auch SHIBENIK hat eine sehenswerte Altstadt mit einer Festung. Wenn man die Festung bestiegen hat, wird man mit einem tollen Blick auf die Stadt und das Meer belohnt.

Man sieht auch den Fluss: KRKA, der dort ins Meer fließt.

Von diesem Fluss aus fahren Schiffe zu den KRKA Wasserfällen.

Als letztes zur „Perle" der Adria.
Sie liegt im Süden von Dalmatien.
Jetzt müsstest du nur noch wissen wo Süden ist?
Eine gute Gelegenheit mal die
Himmelsrichtungen zu lernen.
Hier eine kleine Zeichnung:

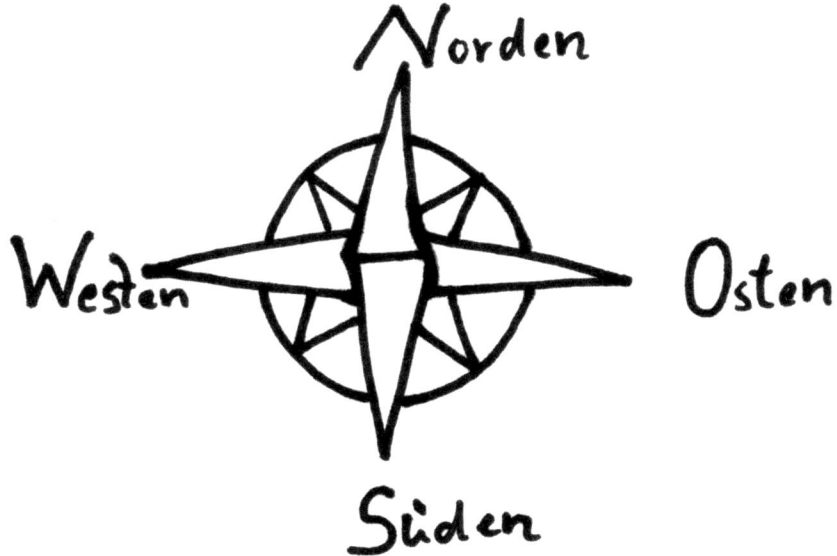

Die Partnerstadt dieser Perle ist Bad-Homburg.
Da wohne ich ganz in der Nähe.
1991 wurde die Stadt 6 Monate lang bekämpft.

Ziemlich viel wurde dabei zerstört.

Von der Seeseite kamen Serbische Kriegsschiffe.

Am Nikolaustag 6.Dezember 1991 fielen 600
Granaten in die Altstadt.
Man wollte die Kroaten aus der „Perle"
vertreiben. Aber sie ließen sich nicht vertreiben.
Sie haben ihre Stadt verteidigt und die Serben
zurückgedrängt.
Weißt du jetzt, wie diese Stadt heißt?
Es ist „ DUBROVNIK „ und man hat hier wieder
alles aufgebaut. Dort gibt es zwei Häfen:
 einen Stadthafen und einen Yachthafen.

Taucher sucht die „Perle" der Adria.

Die ganze Stadt ist von einer Stadtmauer
umgeben.
Und wozu gehört diese Stadt heute?
Müsste ich gar nicht fragen, weißt du doch
sowieso. Zum UNESCO Weltkulturerbe natürlich.
Auch einen Ausflug an die „MAKARSKA RIVIERA"
könnte man noch machen, wenn man Zeit und
vor allem Lust hat.
Aber was ist überhaupt eine Riviera?
Ich würde sagen, so was ähnliches, wie eine
wunderschöne Uferpromenade.

ZADAR - SHIBENIK - DUBROVNIK

Die Uferpromenade besteht meistens aus vielen großen Palmen.

An dieser Riviera gibt es tolle fast weiße Sandstrände. Fast so wie in der Karibik.

Eigentlich so schön wie auf den Postkarten.

Und wenn du nicht zu schreibfaul bist, dann schicke doch Oma, Opa, den Nachbarn, deinem Mathelehrer und deinen Freunden auch mal eine Postkarte von diesem schönen Ferienland.

Also das alles auf einmal kann man sich
bestimmt nicht in einem einzigen Urlaub
ansehen.
Dann wäre man bestimmt Tag und Nacht
unterwegs.
Man könnte nicht schlafen, nichts Essen und
nicht ins Wasser gehen.
Das soll ein Scherz sein!
Man macht nur das, was in der Nähe ist und was
einem auch gefällt und Spaß macht.
Außerdem kann man auch nochmal und
nochmal und noch...... nach Kroatien fahren.

Jetzt kannst du noch mal überlegen, ob du schon
was kennst, das aus diesem Land kommt.
Meinem Papa ist gerade noch was eingefallen.
Die „Krawatte" kommt aus Kroatien.
Aber warum, daß weiß er nicht, schade.
Weiß dein Vater das und trägt er eine Krawatte?
Mein Papa meint: Kroate heißt auf deutsch
Krawatte.
Am besten du fragst mal im Urlaub einen
Einheimischen danach, der müßte es wissen.

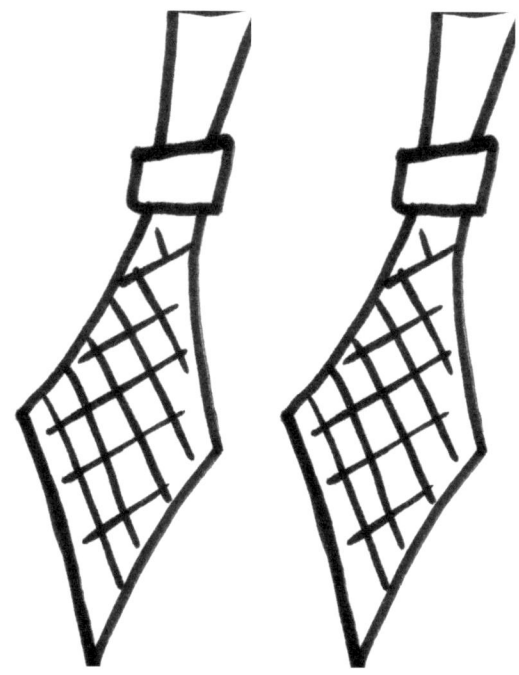

Es ist immer wieder schön, aufregend und
Interessant ein anderes Land kennen zu lernen.
Denn wie heißt es so schön?
Andere Länder andere Sitten.
Man sollte wissen und auch verstehen, dass
jedes Land etwas Besonderes ist.
Zum Schluß noch ein kleines Wörterbuch für
kleine Leute.
Wenn du dies ein bißchen lernst, dann bist du in
Croatia nicht ganz aufgeschmissen.

VOKABELN :

Ja/nein	Da/Ne
Bitte	Molim
Danke	Hvala
Wie Bitte?	Kako Molim?
Ich verstehe sie nicht	Ne razumijem vas
Haben sie?	Imate li?
Wieviel kostet?	Koliko kosta?
Guten Morgen	Dobro jutro
Guten Tag	Dobar dan
Guten Abend	Dobra vecer
Gute Nacht	Laku noc
Auf Wiedersehen	Do videnja
Tschüss	Zdravo
Wo sind die Toiletten?	Gdje su zahodi?

Ich glaube das reicht, wenn du das auswendig kannst, dann bist du bestimmt schon am Ziel.
Wenn du nicht weißt wie man es ausspricht, ist es auch nicht so schlimm.
Also dann viel Spaß beim Lernen.

Ich freue mich auf einen schönen erholsamen
Urlaub in Kroatien.
Meine Eltern natürlich auch.

Bis bald in einem anderen Land

Euer „NICO"

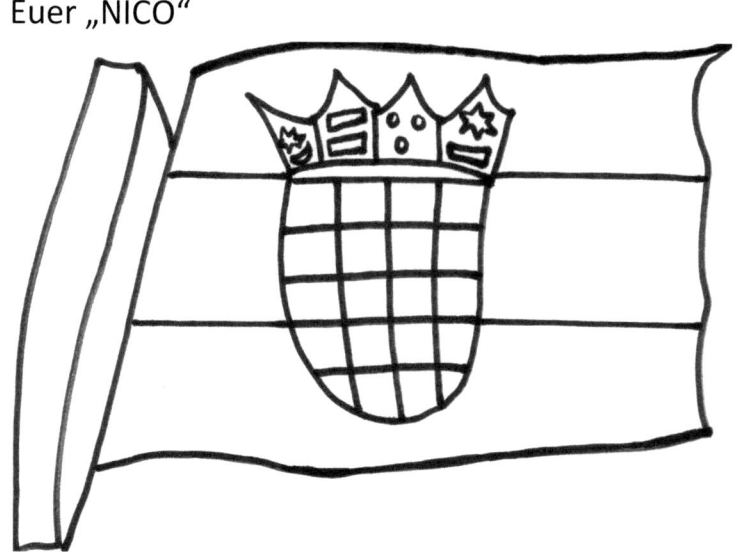